Bastelanleitung:

1. ausschneiden
2. falten und zusammenkleben
3. Ei ausstechen und ausmalen
4. Muster im Ei ausstechen
5.

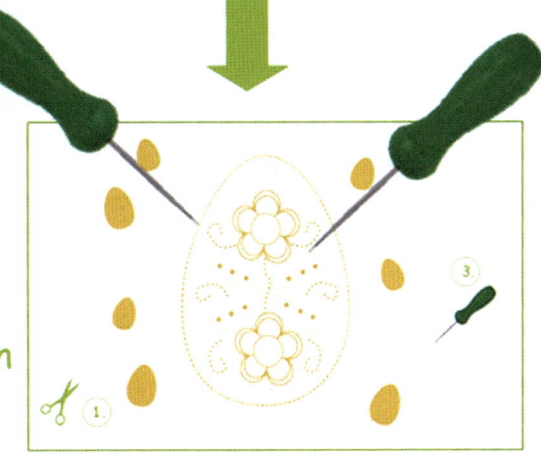

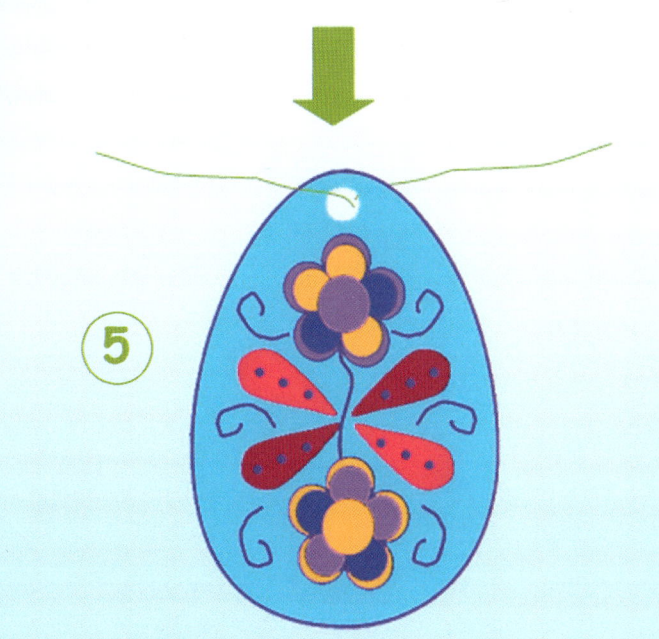

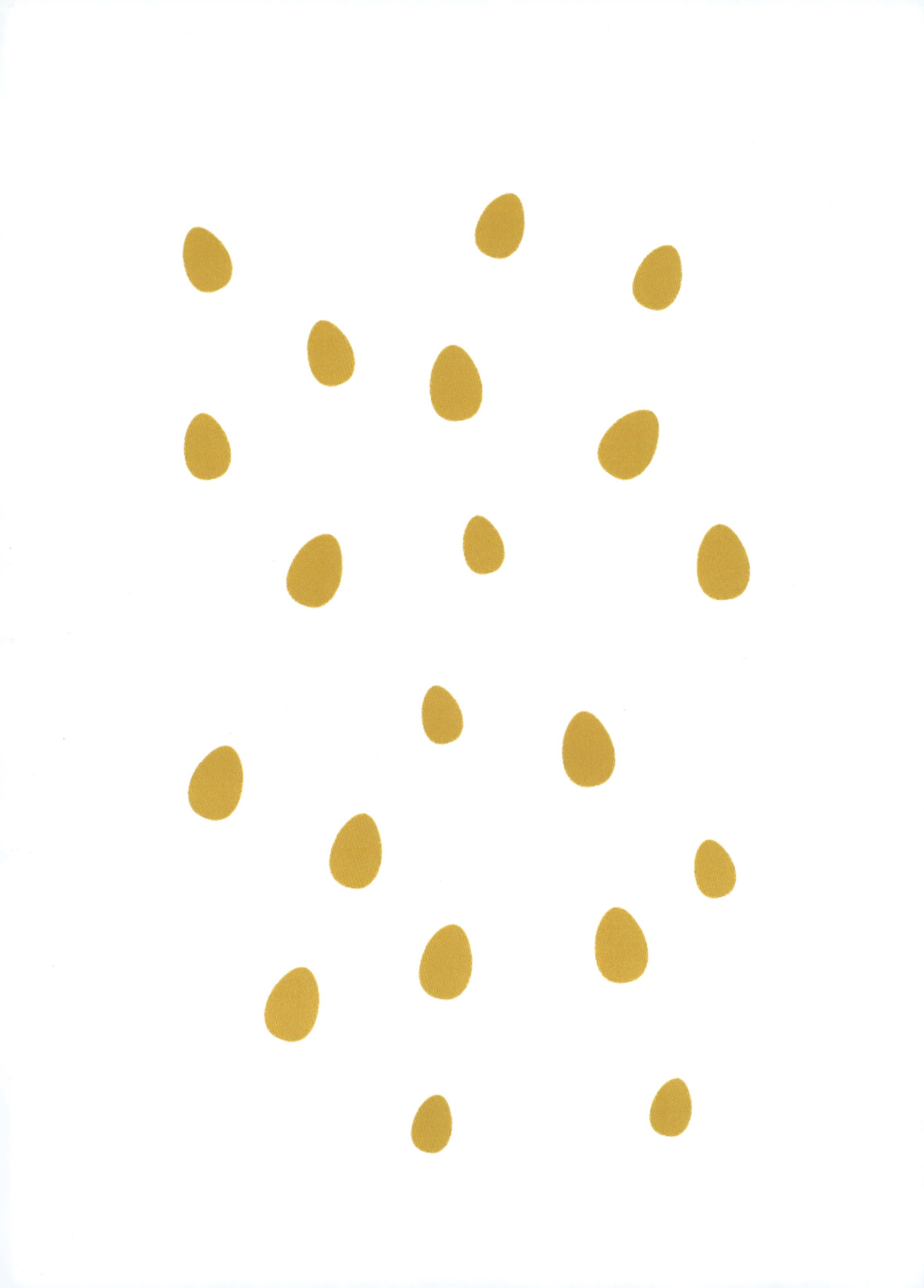

2.

falten und
zusammenkleben

3.

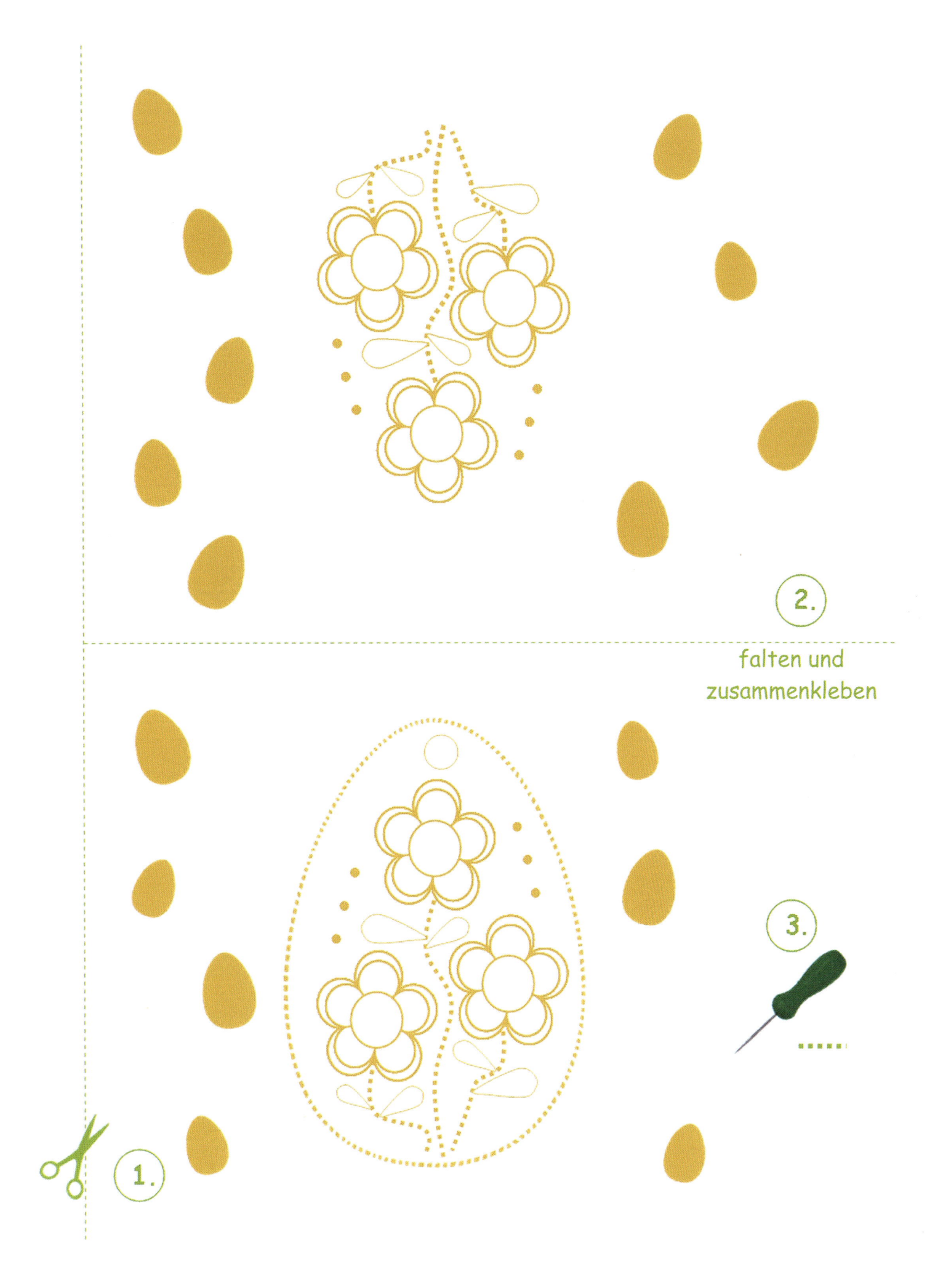

1.

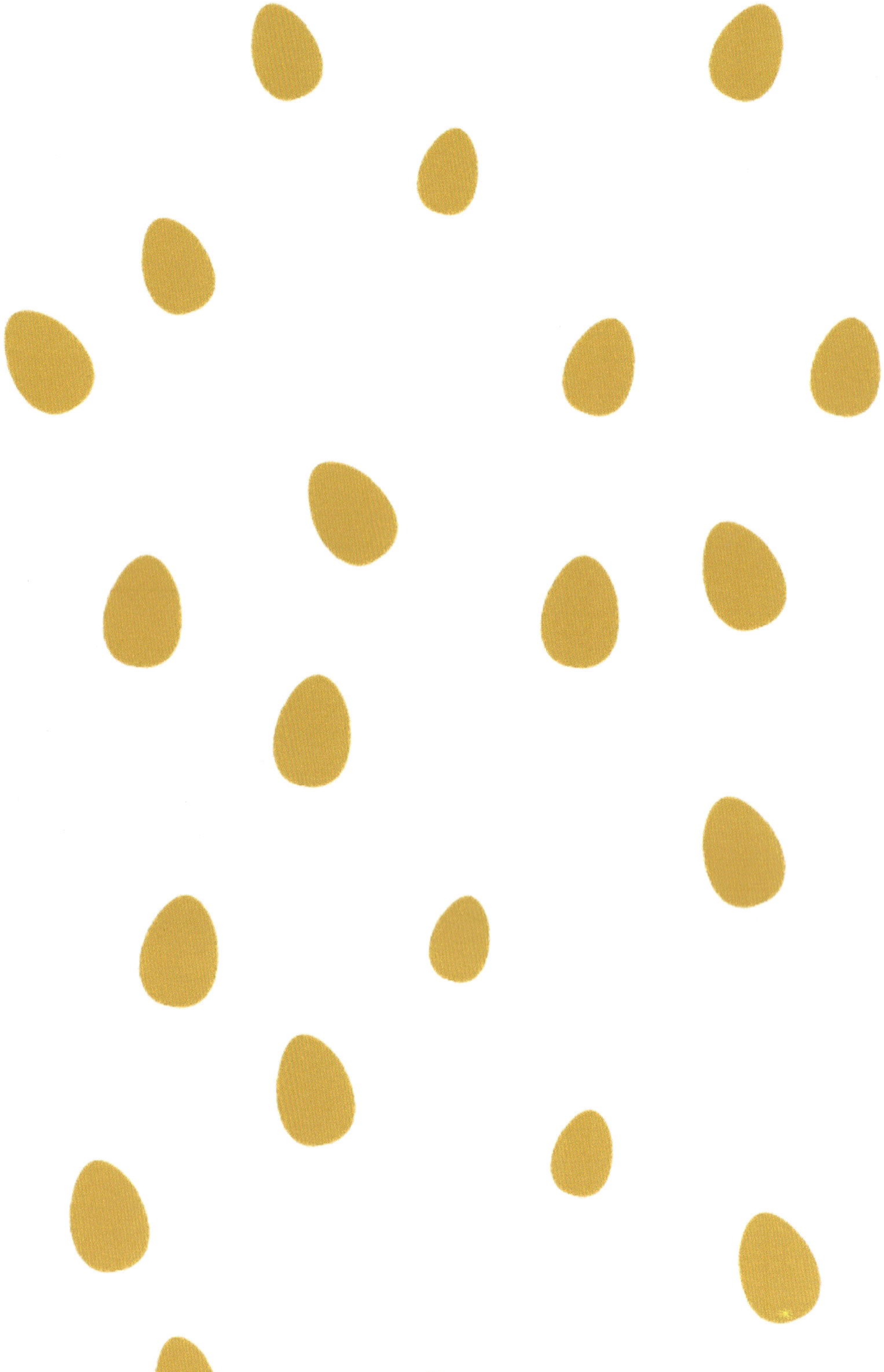

2.

falten und
zusammenkleben

3.

1.

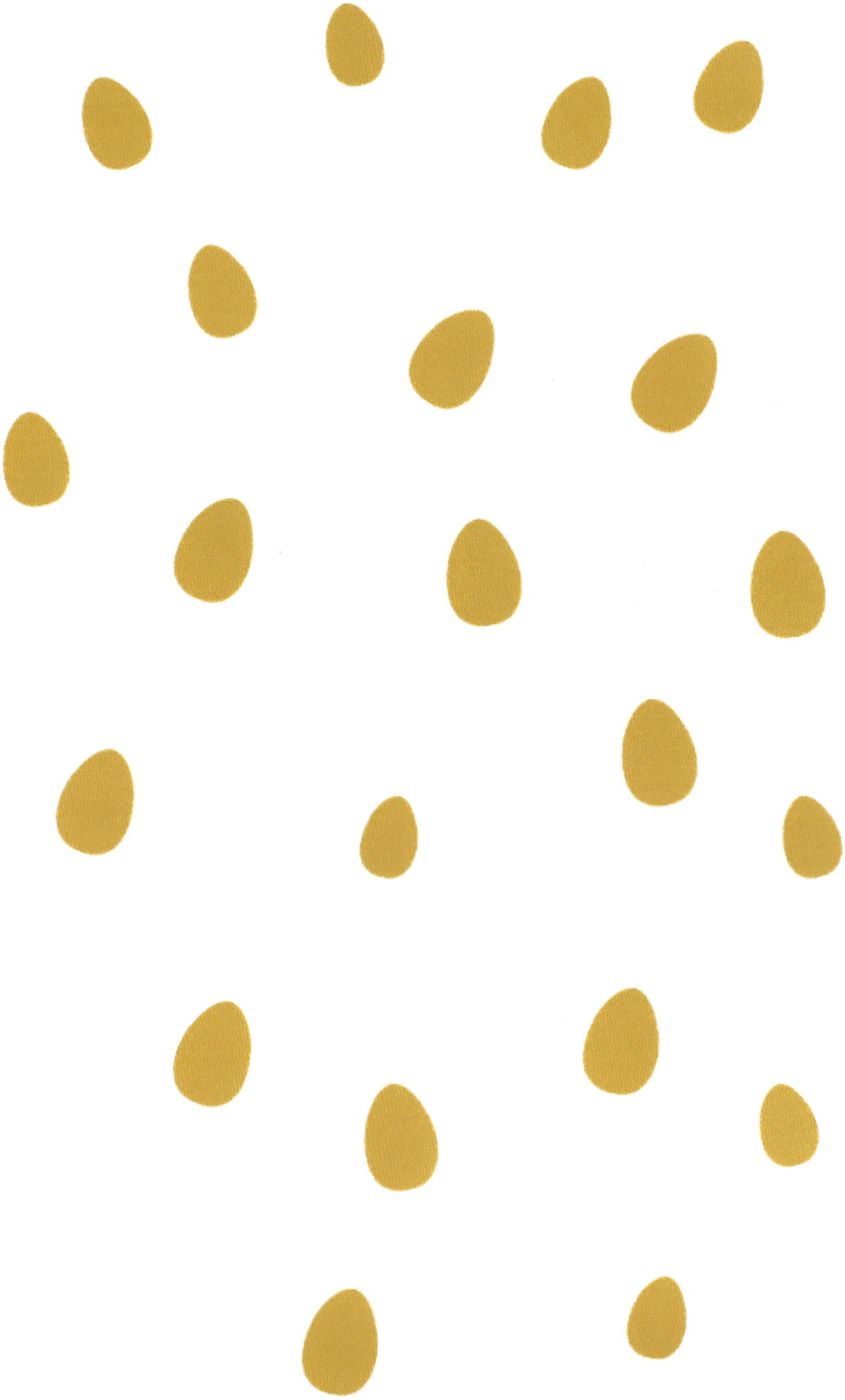

2.

falten und
zusammenkleben

3.

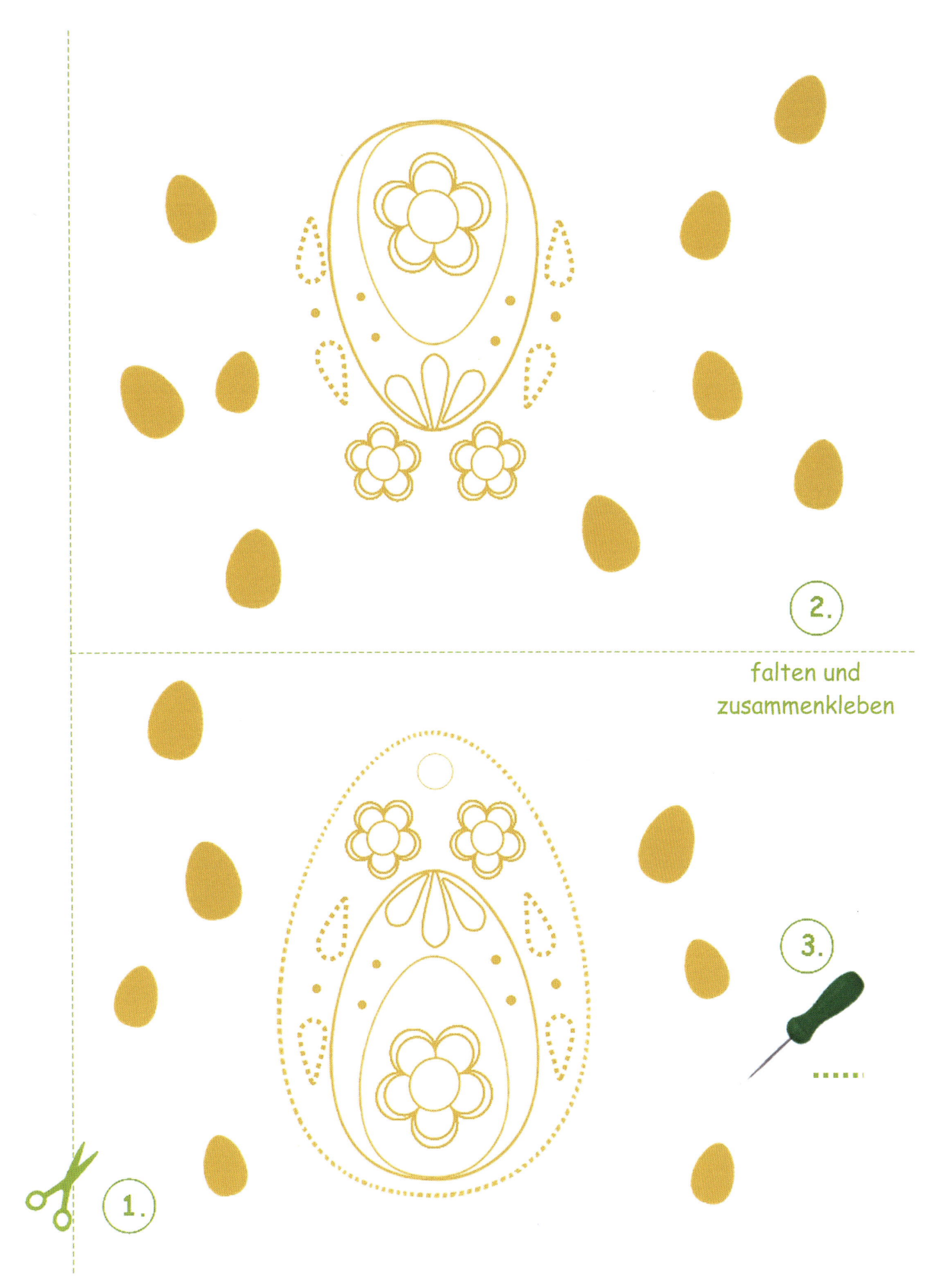

1.

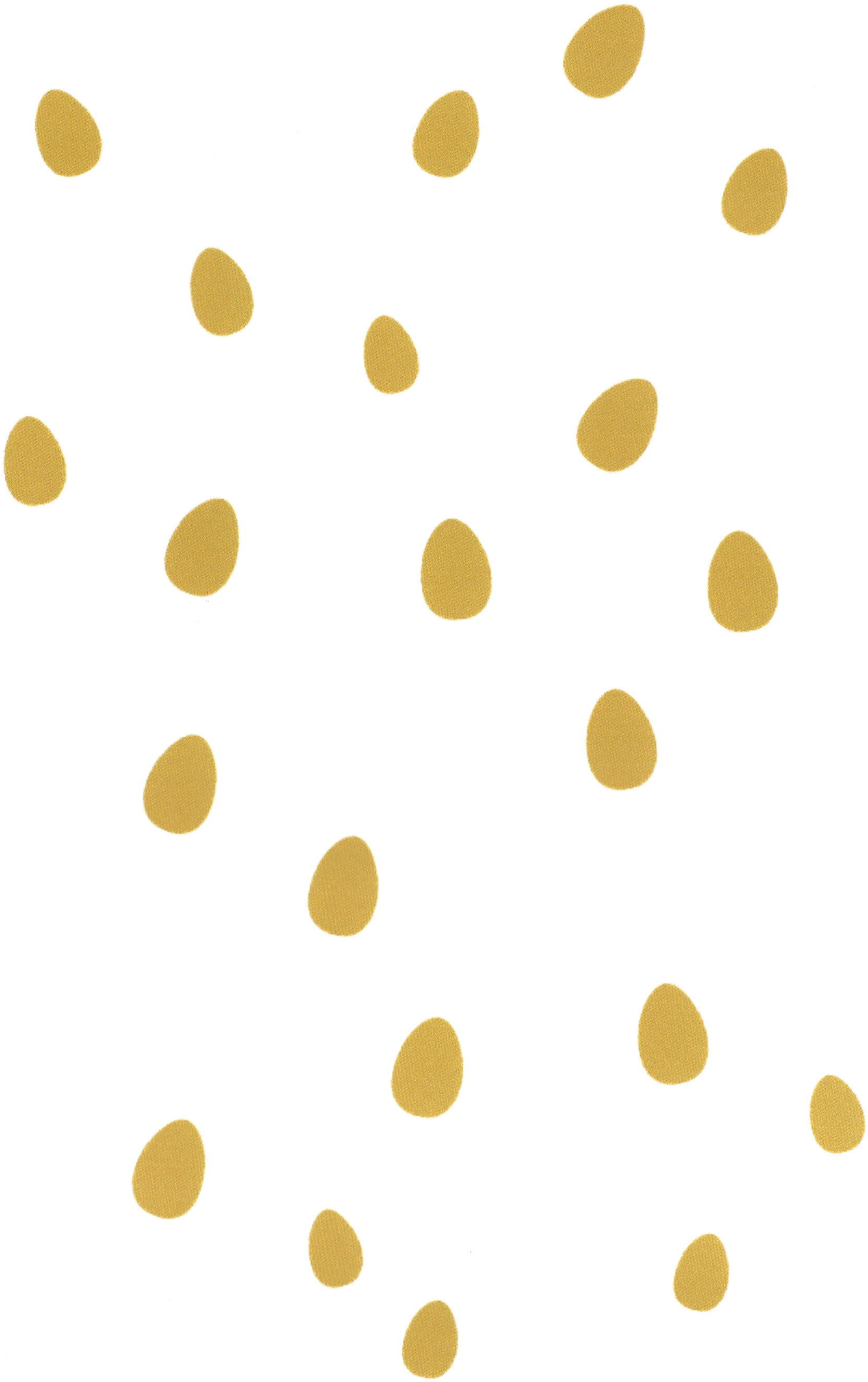

2.

falten und
zusammenkleben

3.

1.

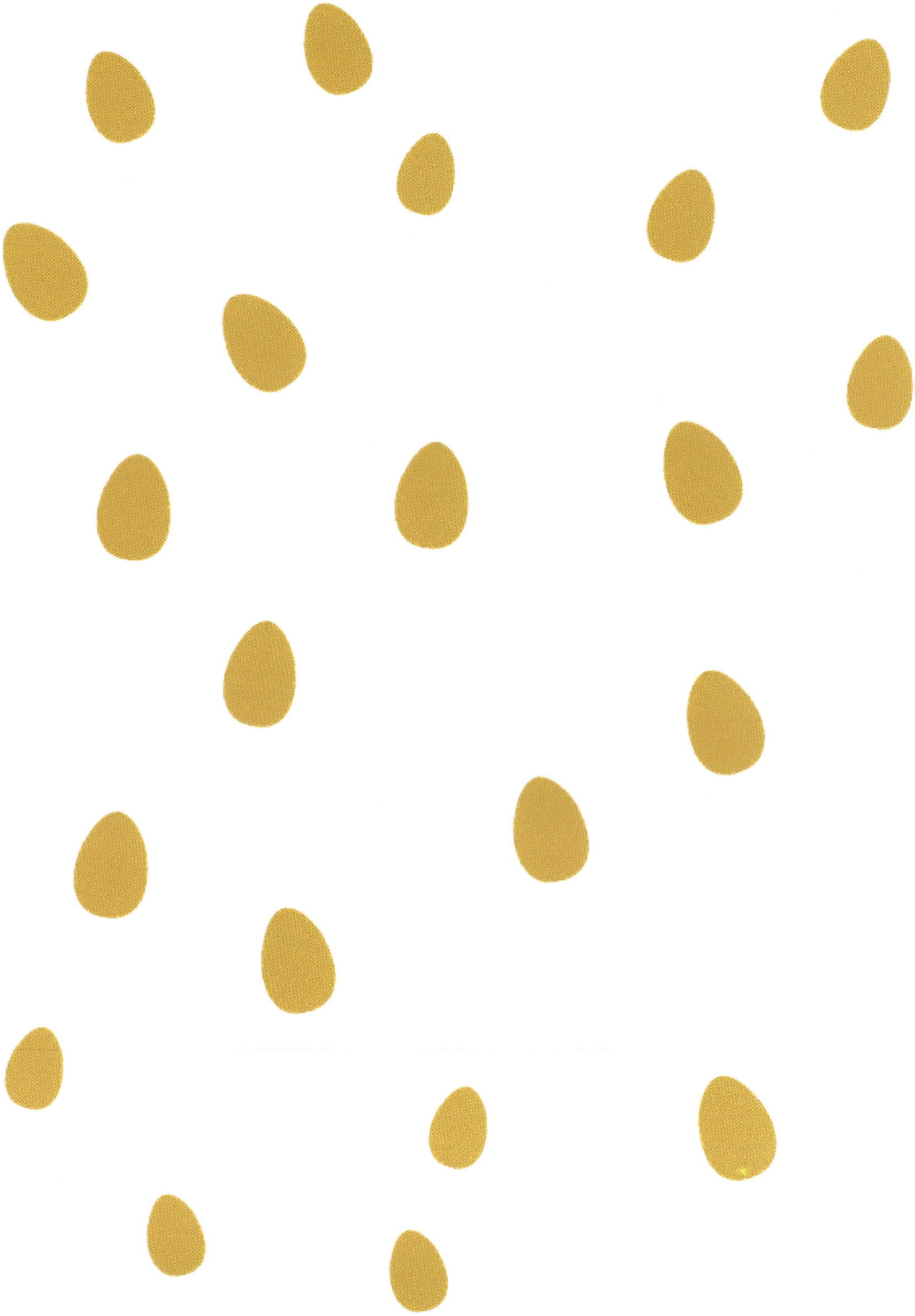

2.

falten und
zusammenkleben

3.

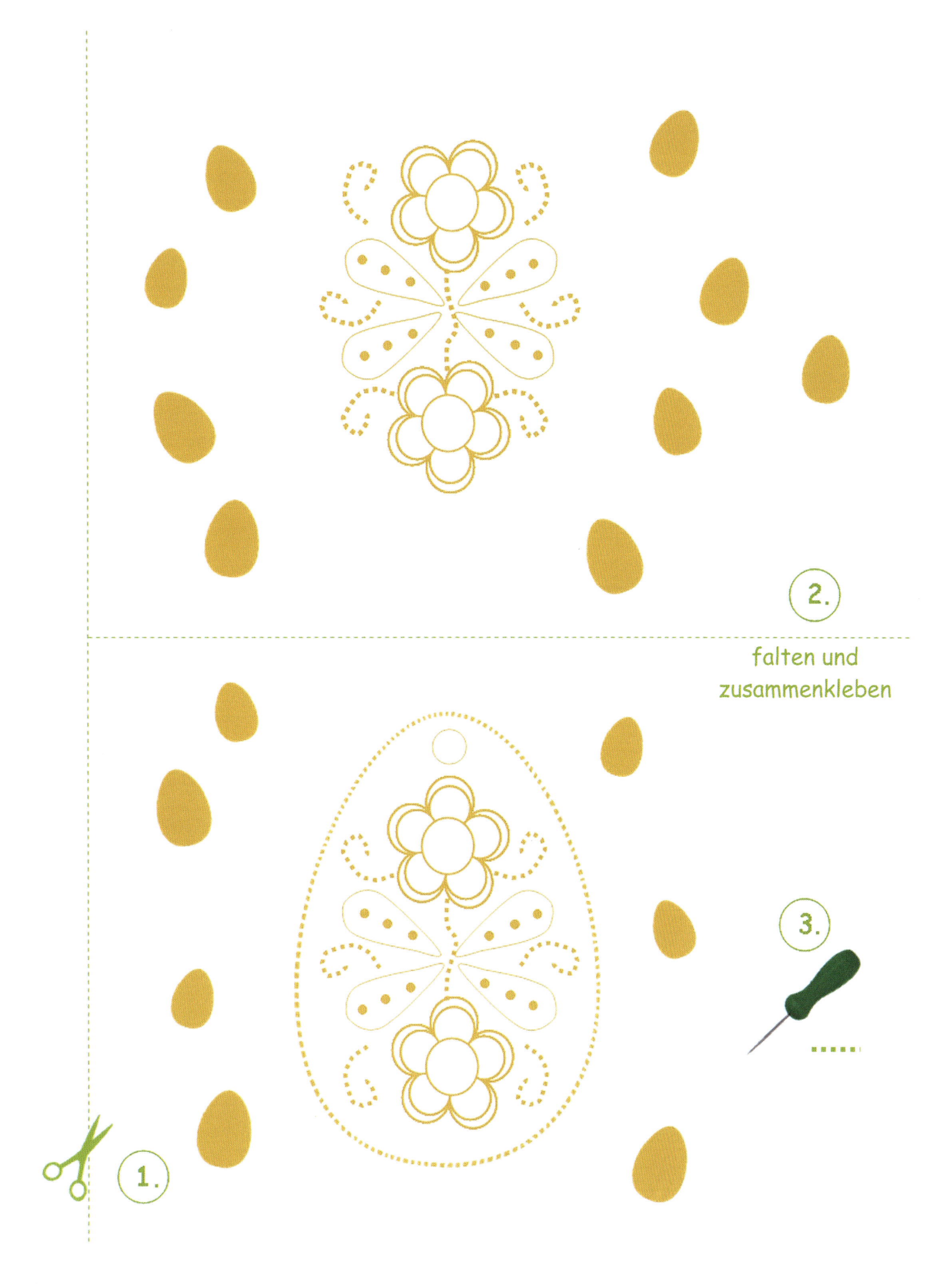

1.

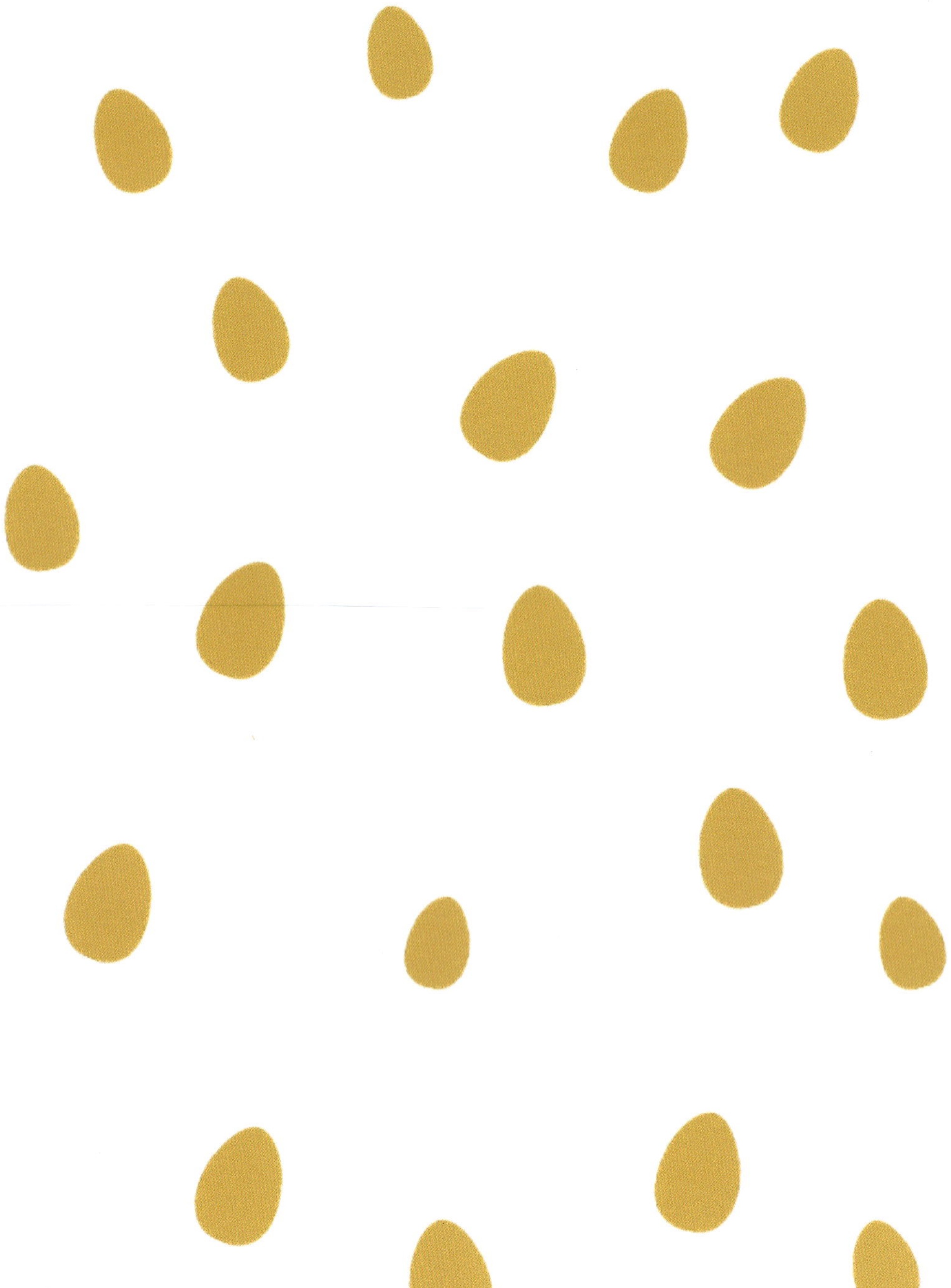

2.

falten und
zusammenkleben

3.

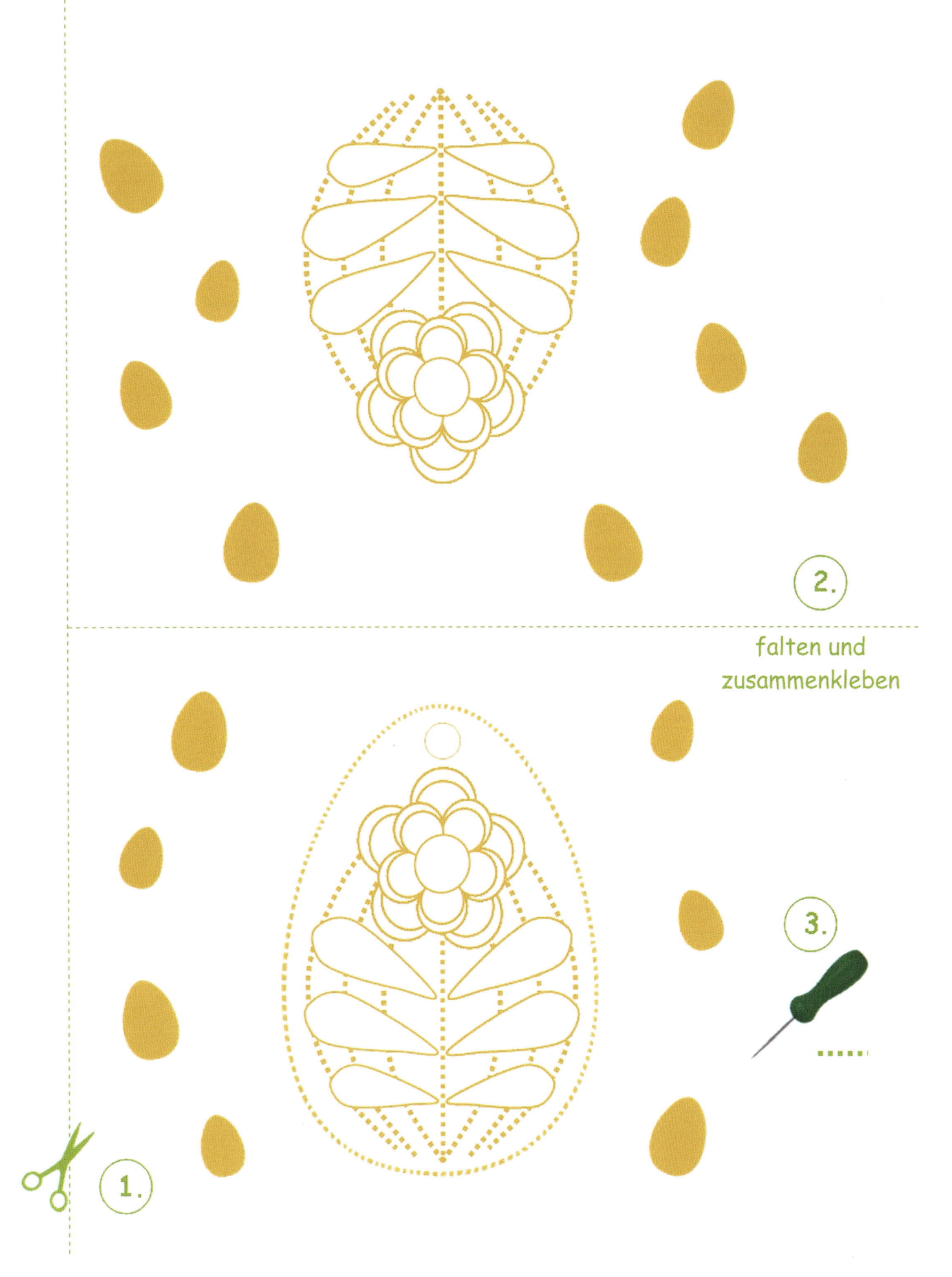

1.

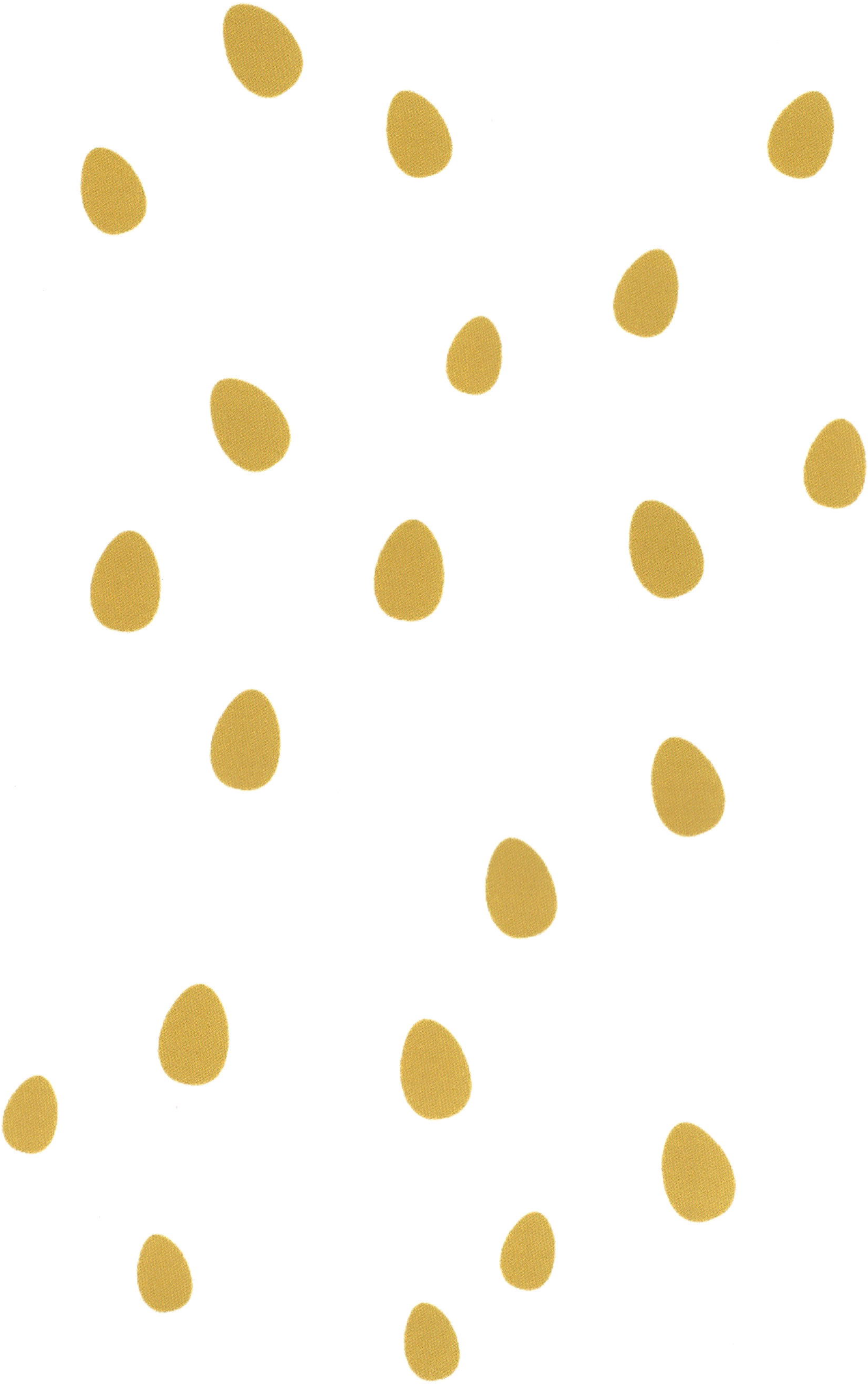

2.

falten und
zusammenkleben

3.

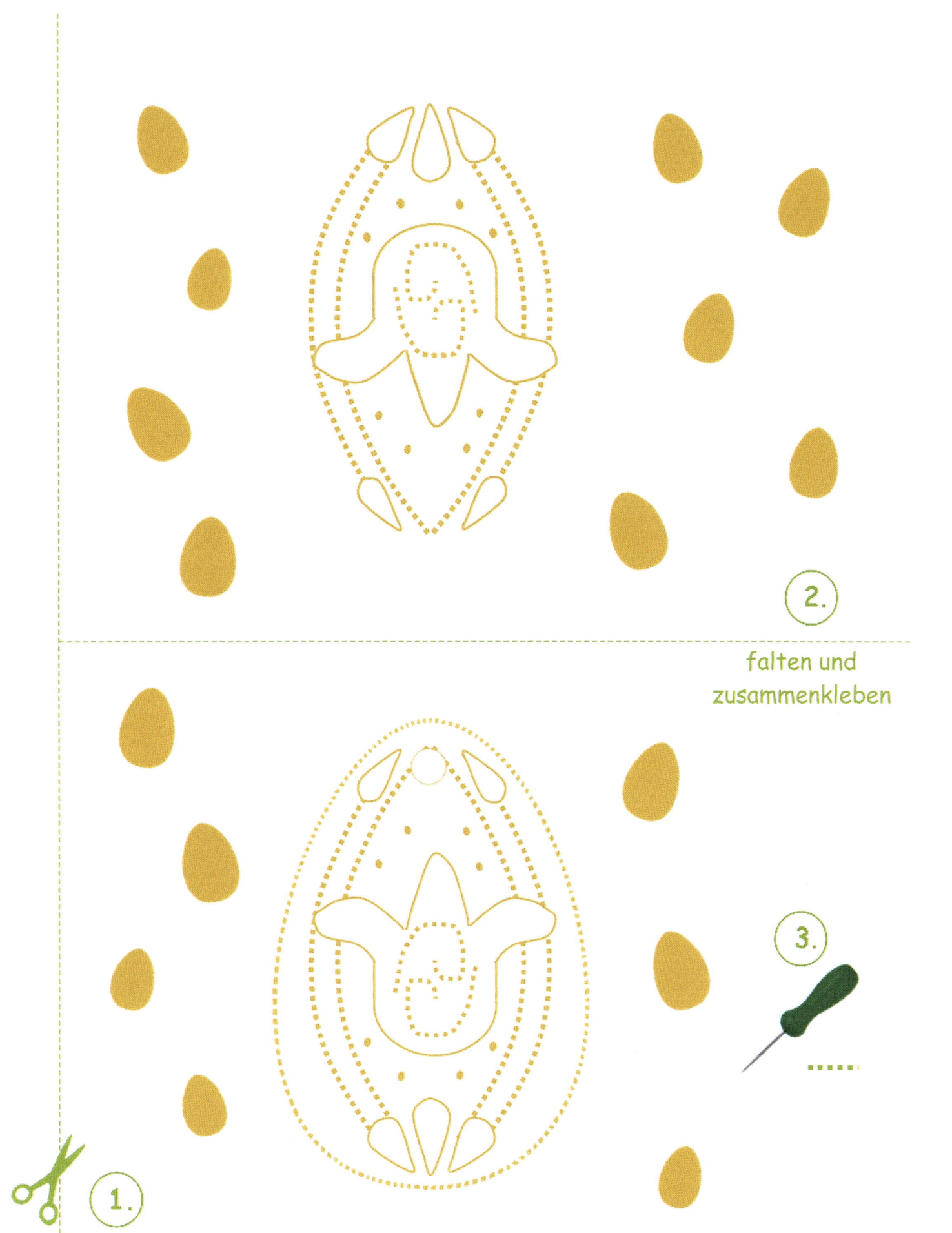

1.

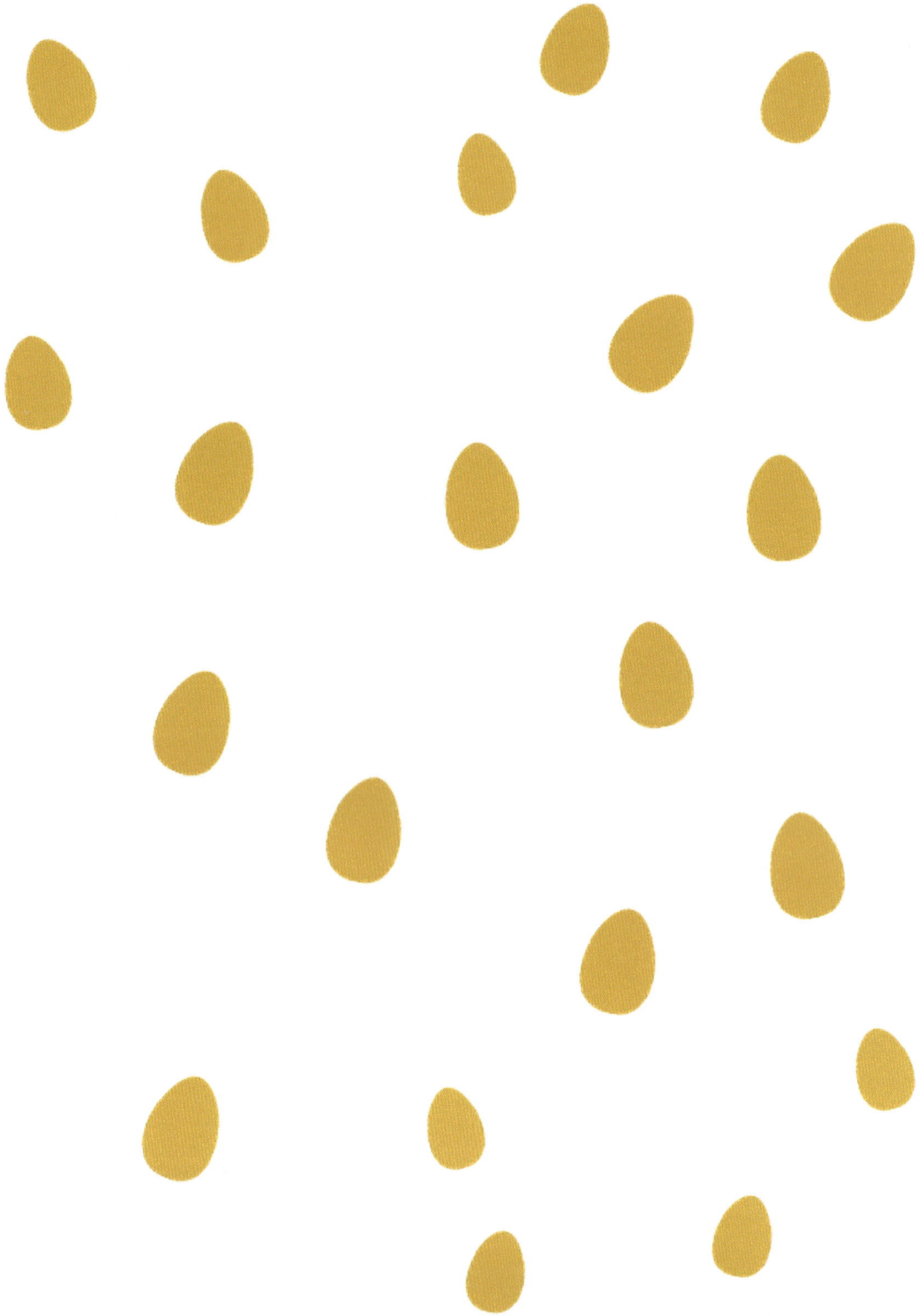

2.

falten und
zusammenkleben

3.

1.

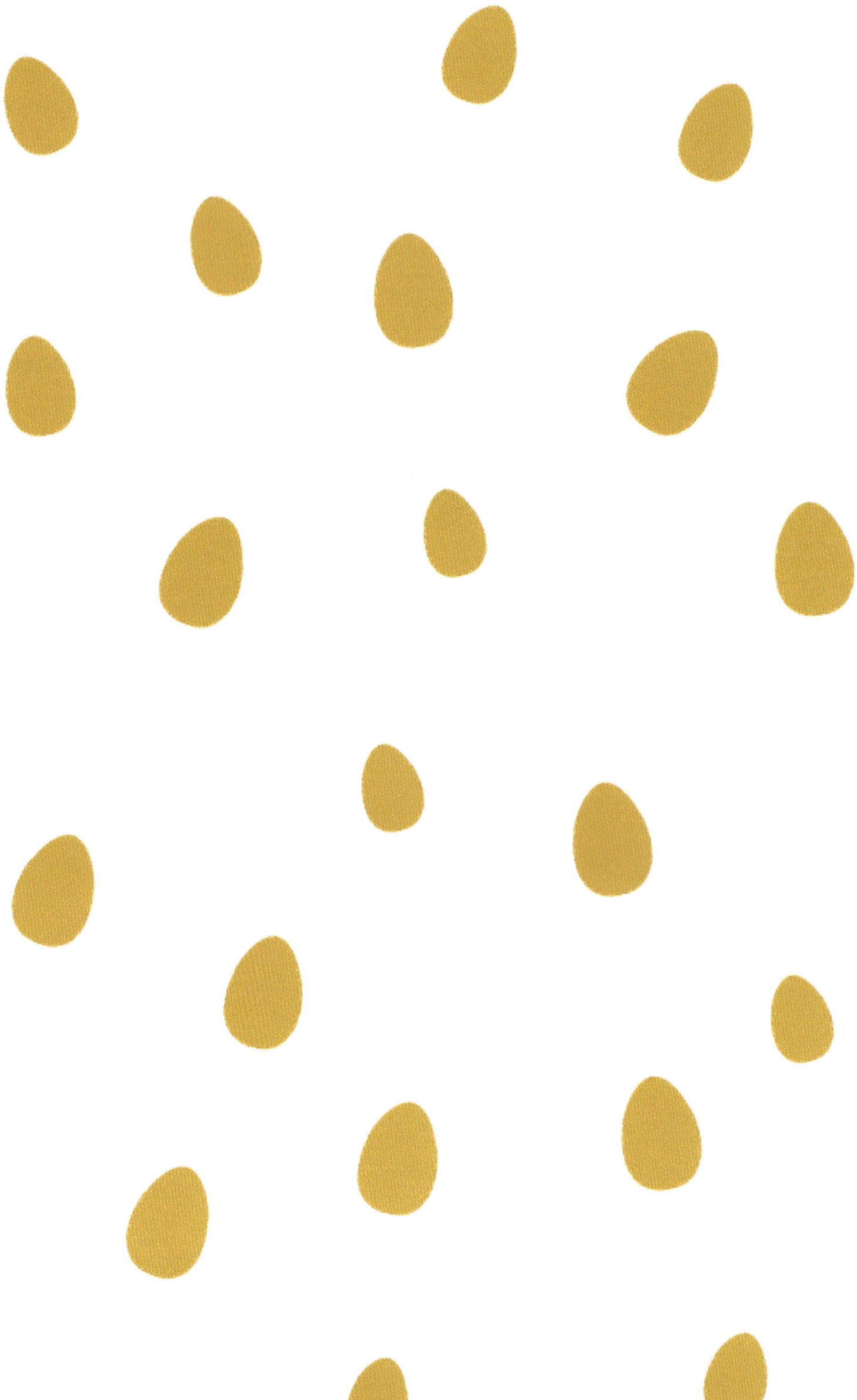

2.

falten und
zusammenkleben

3.

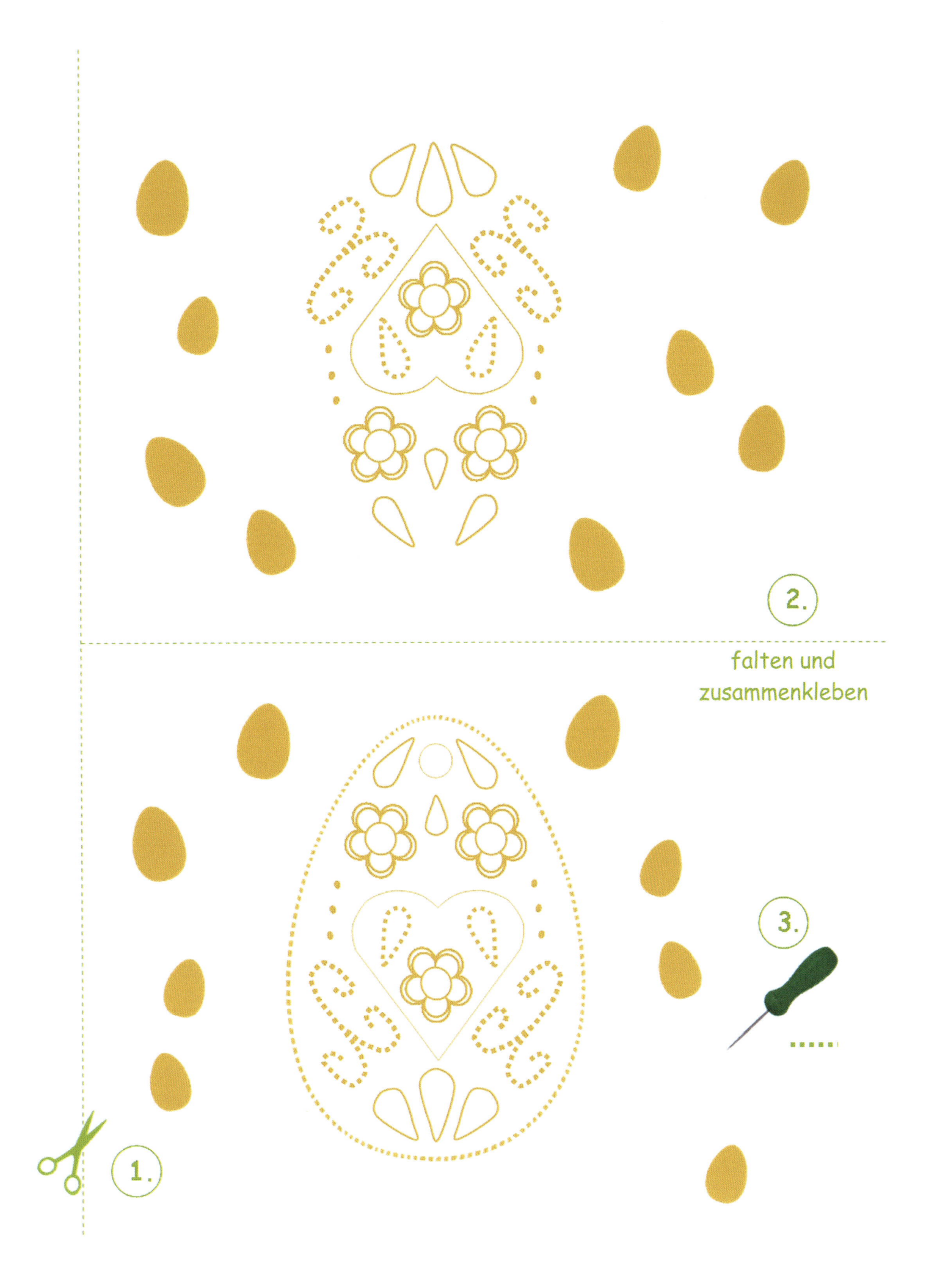

1.

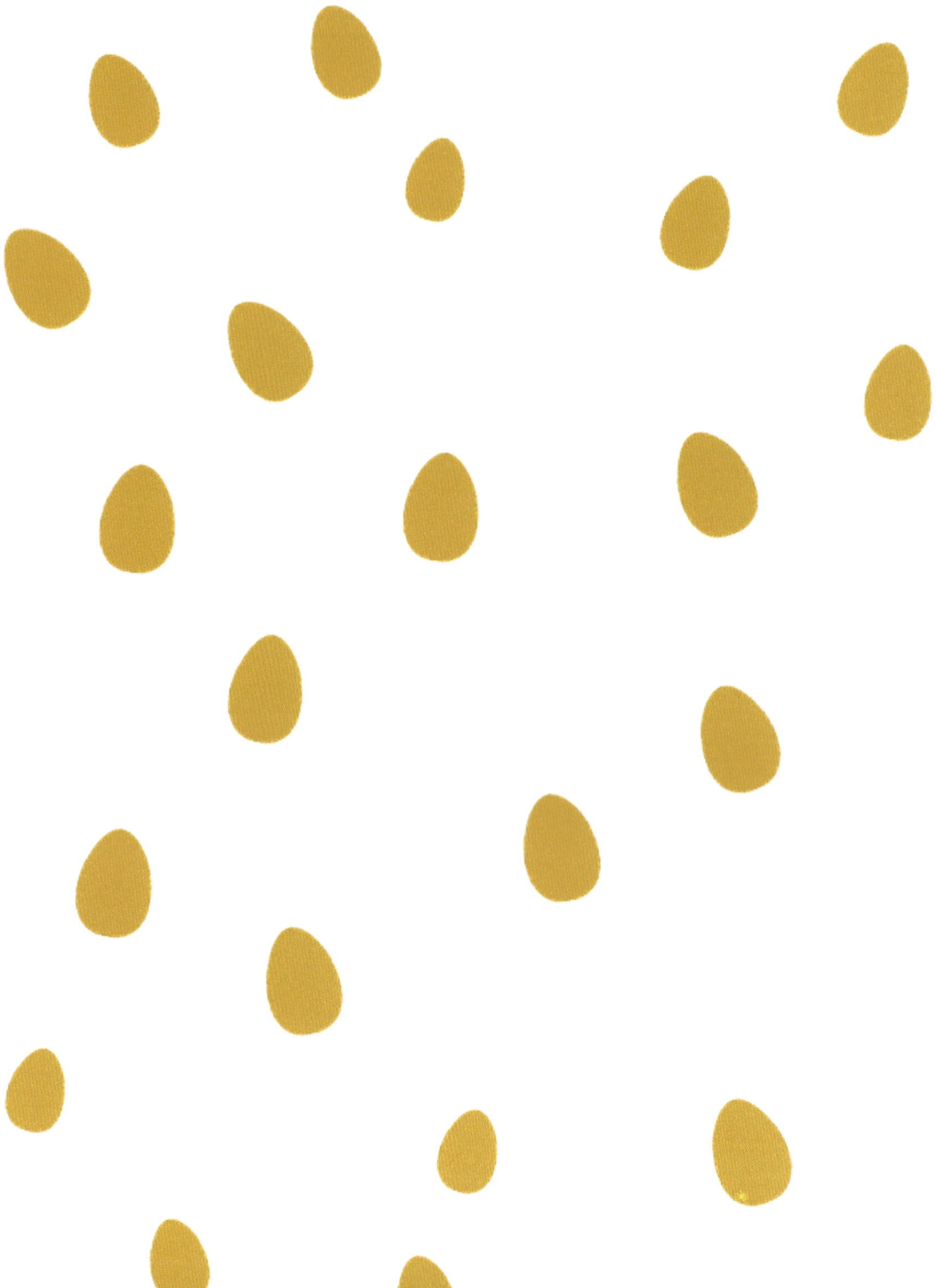

2.

falten und zusammenkleben

3.

1.

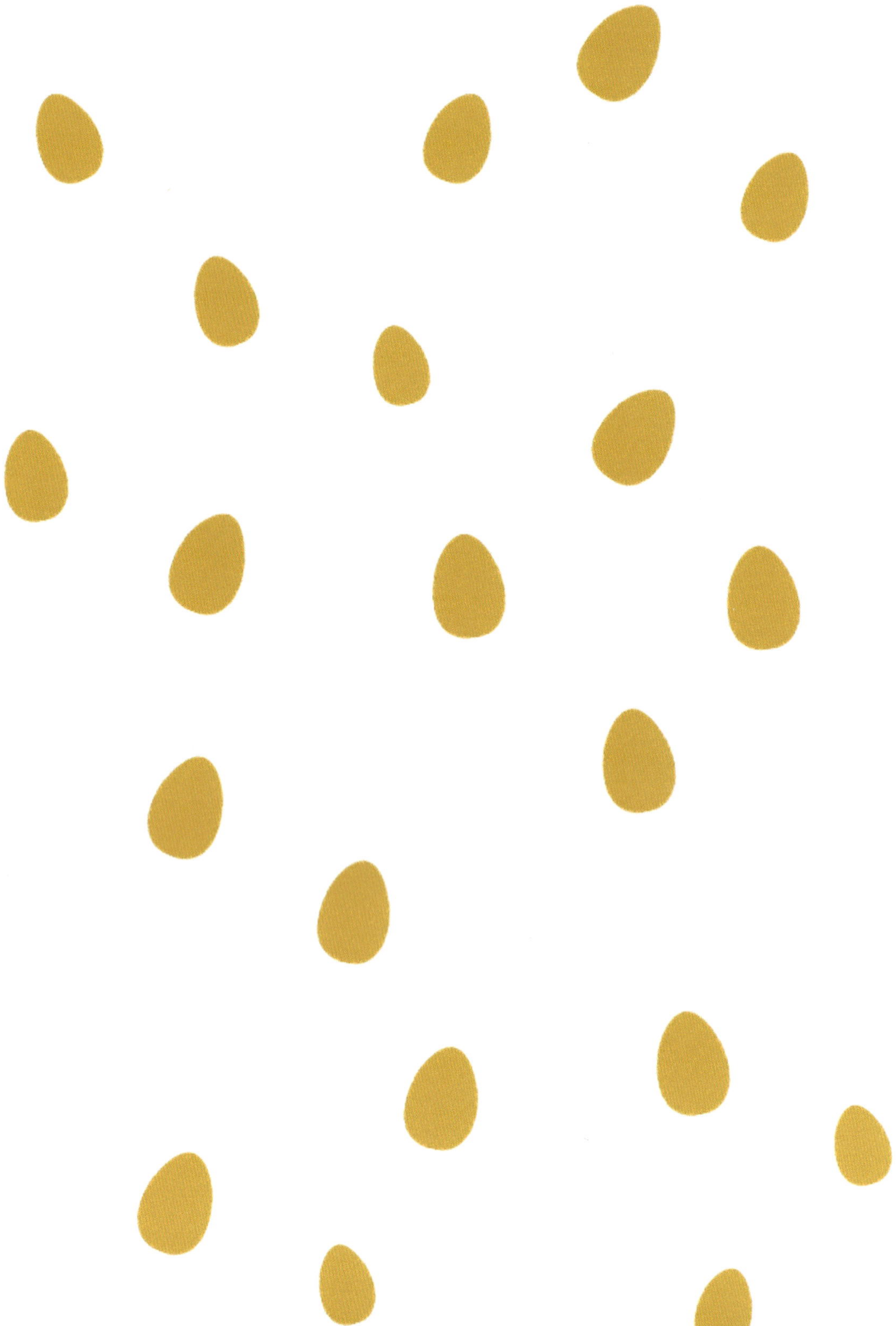

2.

falten und
zusammenkleben

3.

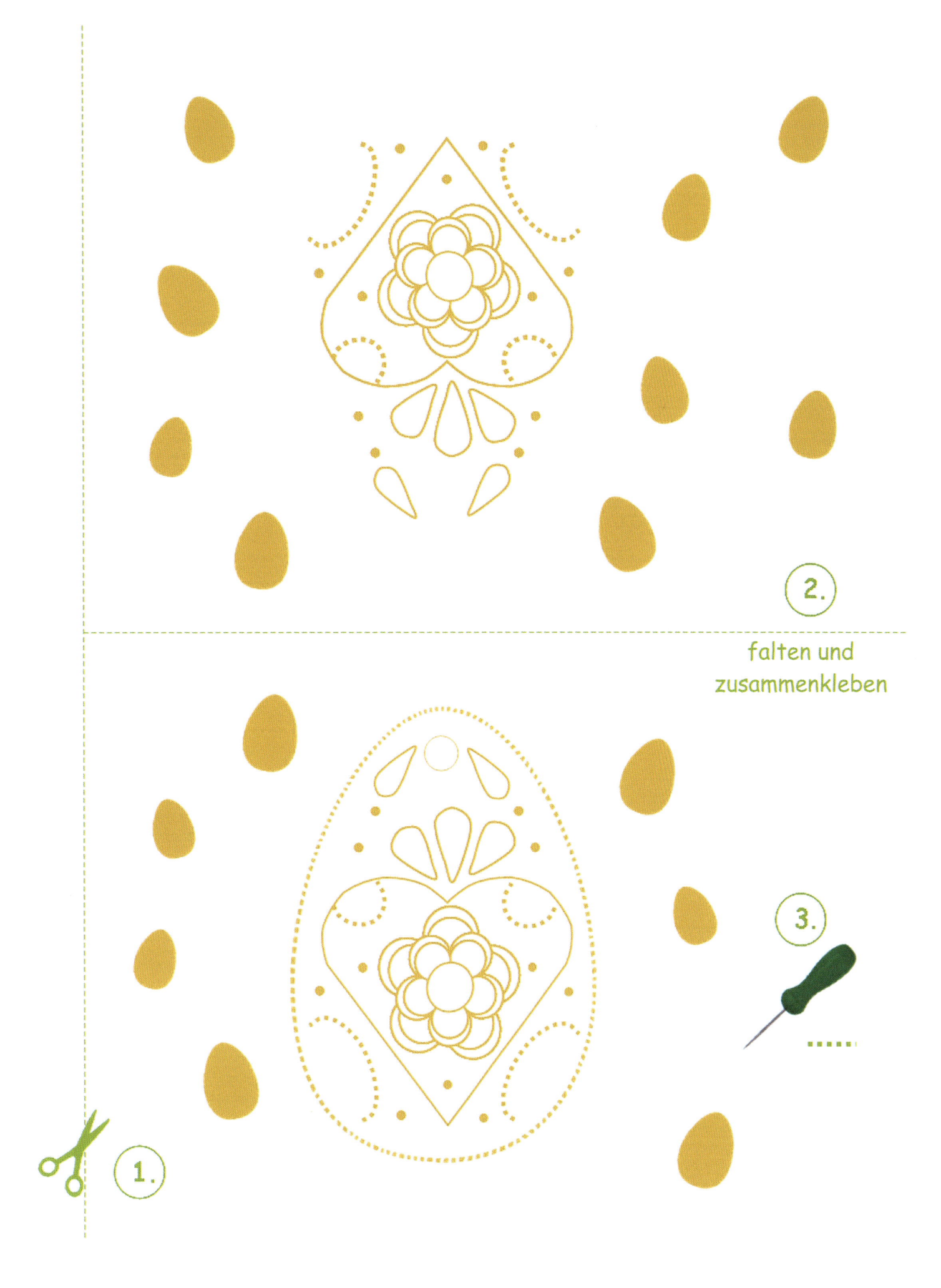

1.

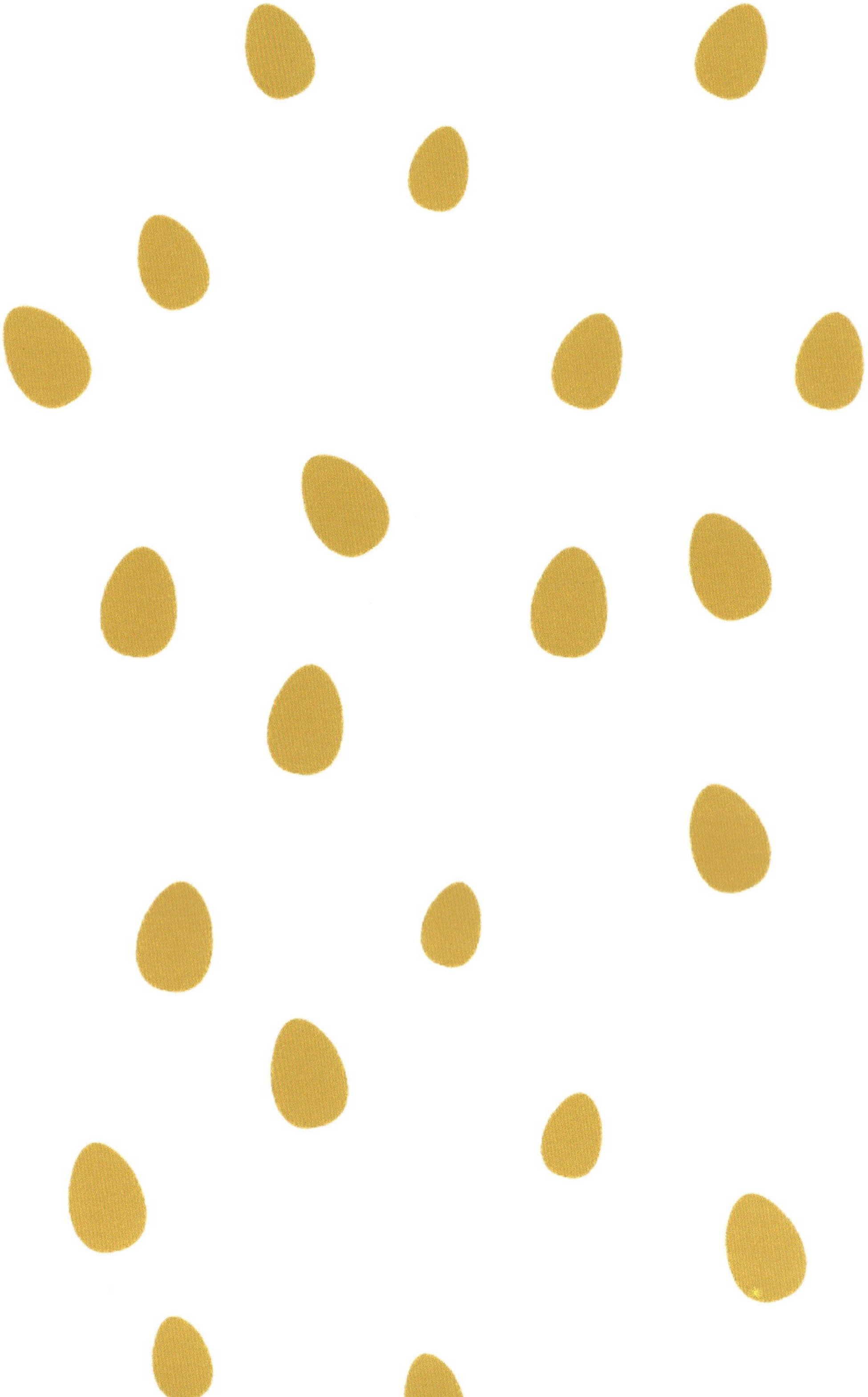

Printed in Germany
by Amazon Distribution
GmbH, Leipzig